Merci à Jonathan Garnier et Églantine Ceulemans pour leur coup de patte,
Charles et Charlotte Izard, Laurence Croix et Olivier Fer pour leur coup d'oeil,
Quitterie Kahn Montel pour son coup de cœur pour ce livre.

Je dédie cet ouvrage à ma maman, qui m'a offert le monde avec sa palette d'aquarelle.
Anne

Merci à Ludivine Garuz, Angel Adam et Sabine Suchet pour leur relecture attentive et leurs retours stimulants.
Merci à ma rousse d'avoir insisté pour que je lise ce roman merveilleux. Être têtue est une vertu.
Loïc

Les auteurs tiennent également à remercier Charlotte Moundlic pour son accompagnement
et sa patience sans faille et bien sûr, Marie-Aude Murail pour sa confiance.

Cet album a été réalisé grâce
au soutien du

CNL CENTRE NATIONAL DU LIVRE

Photogravure : ColorWay

ISBN 978-2-36981-684-3

www.facebook.com/ruedesevresBD
www.editions-ruedesevres.fr

Dépôt légal : mai 2021
Imprimé en Belgique par Graphius

Miss Charity

1. L'ENFANCE DE L'ART

Loïc Clément
&
Anne Montel

d'après le roman de

Marie-Aude Murail

RUE DE SÈVRES

Londres, 1886.
PRINTING OFFICES
VANDERPROOTE PUBLISHING
Je n'aurais pas dû...
Je n'aurais pas dû me vendre à ce Mr Dampf !

On voyait qu'il était malhonnête, avec ses stupides grenouilles en tutu !
Comment ai-je pu m'oublier au point de dessiner un cochon qui joue du pipeau ?
Miss ! Attention !

Tout va bien, Miss ?
Je... je crois...
Oh non ! C'est un cauchemar ! Mes dessins !
Un cauchemar, c'est bien le mot...
Voyons, voyons... comment a-t-il pu commencer ?
Il me semble que tout débute avec une souris, lorsque j'étais enfant.
Oui, voilà... tout est la faute d'une souris !

Miss Charity

TOME 1

L'enfance de l'art

Londres, 1875 - Maison des Tiddler.
Quelle est la principale fin de la vie humaine?
C'est de connaître Dieu.
Tous les dimanches de mon enfance se ressemblaient...
Pourquoi dites-vous cela ?
Parce qu'il nous a mis au monde pour être glorifié en nous.
GUIDE SPIRITUEL du JEUNE ENFANT
Pourtant, celui-ci m'est resté en mémoire...
Assez pour aujourd'hui. La messe nous attend.
POUF
Viendrez-vous à l'église?
Je ne le pense pas.
TOC
TOC
TOC
J'aurais aimé que Maman me posât aussi la question.
TOC
TOC
J'allais bientôt avoir 5 ans.

LORSQUE LE PÉCHEUR SE DÉTOURNE DU PÉCHÉ POUR PRATIQUER LA JUSTICE, IL MÉRITE DE VIVRE.
POURQUOI DIEU PERMET-IL AU PÉCHEUR DE VIVRE, S'IL NE LE MÉRITE PAS ?
LE PÉCHEUR VIT, CAR LA BONTÉ DE DIEU EST INFINIE.
Oui, la bonté de Dieu est infinie...
POURQUOI DIS-JE QUE LA BONTÉ DE DIEU EST INFINIE ?
Hem...
Êtes-vous le prophète Ézéchiel, monsieur ?
JE LE SUIS.
TU SOUHAITES RÉPONDRE À MA QUESTION, MON ENFANT ?
Non, monsieur, à dire vrai j'en ai moi-même une pour vous.
LE PROPHÈTE T'ÉCOUTE.
Voilà, ma sœur aînée, Prudence, a renoncé à vivre trois heures après être née, quant à Mercy, mon autre sœur, elle n'a pas voulu tenter l'aventure plus d'une semaine...
Sont-elles maintenant des squelettes ?
CONSTATE PAR TOI-MÊME, MON ENFANT.

Charity…
tu viens
jouer
avec nous ?!
Qu'en penses-tu, mon enfant ?
Je dois m'asseoir un instant.
Prends garde, il n'y a pas de…
siège…
Sur le chemin du retour, maman se demanda tout haut si elle pourrait encore, après une telle honte, se rendre à l'église avec moi…
Je pus enfin répondre comme Papa.
Je ne le pense pas.

L'après-midi, nous eûmes des visites.
Ces invitées distinguées me dirent une phrase ou deux...
Bla bla bla bla bla bla bla bla ?
Bla.
Mais ma timidité les gênait autant que moi.
...
Elles m'oublièrent bientôt pour parler de choses importantes.
Mrs Carrington portait du gris clair, avez-vous remarqué ?
Et seulement six mois après la mort de ce pauvre Mr Carrington !
Il doit se retourner dans sa tombe...
Je portais le deuil de mon grand-père, aussi je jetai un regard à ma propre robe...
Soulagée d'être en noir de la tête aux pieds, je me dis qu'à la différence de Mr Carrington, Grand Papa devait être bien content dans sa tombe !
Cessez de remuer ces jambes !

J'étais l'unique enfant dans ce salon, l'unique enfant de cette maison.
J'aurais dû être assise entre mes deux sœurs.
Ézéchiel 37, 11 : "Yahvé me déposa au milieu de la vallée, une vallée pleine d'ossements. Or, ces ossements étaient très nombreux sur le sol de la vallée et ils étaient complètement desséchés."
"Il me dit : "Fils d'Homme, ces ossements vivent-ils ?"
"Voici que j'ouvre vos tombeaux et je vais vous faire remonter de vos tombeaux."
Ce dimanche-là, je sentis que profitant de ce qu'Ézéchiel 37, 11 sérait les cimetières, elles m'appelaient pour que j'aille jouer avec elles.
Charity
Charity, tu viens jouer ?
?
Charity...
Il y a quelqu'un ?

HAAA
Et nous ?

Ici?
Dans le tiroir?
Non, là!
Oui... tout débuta avec une souris.
Avec son fin museau pointu, ses minuscules pattes tremblotantes et ses deux yeux comme deux grains de café luisants, elle me parut vraiment charmante.
Seule sa queue annelée, aussi longue que son corps, me posait quelque problème.
Et comment s'adresser à elle?
Piiiiii
Piiii Piiiii?

Ne vivant qu'avec des grandes personnes, je n'avais aucune idée de la façon dont on doit parler aux animaux.
Bonjour, je suis Charity Tiddler.
?
J'espère que vous allez bien.
Piiii!
Je suis très contente de vous connaître et...
À qui parlez-vous ?
Madame vous cherche...
Mais à qui parliez-vous ?
Allons, que cachez-vous dans vos mains ?
Je ne sais pas son nom.
Le nom de qui ?
Dieu nous vienne en aide !
Fi, Miss Charity !

Tabitha, ma bonne, avait une peur effroyable de toutes les petites bêtes.
À poils, plumes ou écailles, qu'elles trottent, volent ou rampent...
Pourtant, elle ne parla ni de la tuer ni de la remettre en liberté.
Fi, Miss Charity !
Ces mots répétés me tranquillisèrent...
Elle me désapprouvait, mais ne ferait rien dans mon dos.
Dès le lendemain, Tabitha me procura une cage.
Il ne faut pas en conclure qu'elle couvrait mes sottises par amitié. En vérité, elle pensait que j'étais mauvaise...
Pour s'en donner la preuve, elle m'encourageait à mal faire.

GRANDEUR & DÉCADENCE
de
Miss Petitpas
Ma souris baptisée par mes soins Miss Petitpas ne resta pas enfermée dans sa cage.
Je laissais souvent la porte ouverte.
Et Madame Petitpas en profita pour mettre ses moustaches au vent.
Elle était incroyablement effrontée...
et se montrait insensible à mes gronderies !
HA HA HA HA
Miss Petitpas...
Vous êtes impossible !

C'était aussi une acrobate née...
?
entrée par la fenêtre
a pris le temps de grignoter la table
ressortie par la lucarne
Mais la gourmandise la perdit...
Elle aimait prendre en dessert un peu de bougie...
CROUNCH CROUNCH
Mais ce soir-là, elle dérapa et tomba lourdement sur le dos.
Je l'aidai à se remettre sur pieds, mais...
Allez va, va!
Je la découvris un peu plus tard, raide morte sur le palier de la maison de poupée qu'elle avait tant aimée.
La vie m'enseigna alors sa première leçon...
Je vous regretterai, Miss Petitpas.
Celle du cycle éternel de la mort et de la naissance.

Heureusement, Madame Petitpas m'avait présentée avant le drame à une de ses bonnes amies, plus courte et plus dodue : Miss Tutu.
Vous êtes d'un naturel calme, Miss Tutu !
Piiii
C'est une invasion !
Tabitha ne croyait pas si bien dire...
J'ai pris une grande décision, Miss Tutu.
Piii ?
Nous irons demain explorer le vaste monde !

Ce monde autour de moi, que j'avais cru aussi mort et desséché que les ossements d'Ézéchiel 37,11, était différent...
Il était... grouillant de vie!
Ainsi, le jardin poussiéreux à l'arrière de notre maison recelait des trésors.
Animée d'un sentiment de triomphe, j'entamai leur collecte à des fins scientifiques.

Aux Bons soins du Dr Tiddler
L'oisillon
Dick le jeune hérisson
La grive à l'aile cassée
Jack le hérisson vaillant

Après avoir tenté de le nourrir de boulettes de pain ramollies dans du lait, je l'ai étouffé définitivement avec mon porridge.
Dick s'est roulé en boule et n'a plus bougé pour, ai-je cru, hiberner. Devenu aussi dur qu'une pierre, il a fini par se liquéfier.
Concernant ma grive, après avoir immobilisé son aile, je l'ai nourrie avec des vers finement coupés en rondelles.
Au bout de quelques jours, la nature a fait son œuvre : ma patiente est décédée.
Nourri d'escargots bien croquants, Jack ne s'est pas encore transformé en flaque…
Les vers, limaces ou escargots dont se nourrissent les hérissons et les oiseaux sont eux-mêmes des animaux.
Ils méritent tout mon intérêt et seront mes prochains patients !
Mary la cuisinière
Fi, Miss Charity !

La course la moins rapide du monde débute.
Jane est en tête ! On ne l'arrête plus !
Dans un élan d'orgueil, Bob à la coquille craquelée se ressaisit et…
Miss Charity, le souper est servi !
J'arrive.
Je vous préviens, vos amis passent la nuit dehors.
J'ai tout prévu, Tabitha.
À la lueur des funestes événements de cette nuit-là, il devint évident que mon "génie" scientifique demandait encore à s'épanouir…

Oh non!
Bob et Jane, vous êtes saufs!
Je ne suis guère étonnée de votre prouesse, Jane, vous êtes si forte.
Mais vous, Bob, l'exploit est encore plus remarquable.
Vous êtes la preuve vivante qu'un coeur déjà éprouvé par la vie a plus de ressources dans le malheur!
?
Je ne vous laisserai plus courir le moindre risque, vous vivrez avec moi dans la nursery.

Quand je laissais Bob et Jane s'ébattre sur le plancher, je prenais soin d'enfermer Jack.
Frooiiiid
Je poussais même la délicatesse jusqu'à éloigner le pot de terre quand j'apportais au hérisson sa provision d'escargots.
CROC
CROC
CROC
Mais bien vite, la santé de Bob me préoccupa. Avec ce trou dans sa coquille, il devait vivre dans un perpétuel courant d'air.
Après avoir envisagé diverses solutions...
J'émis alors une hypothèse très surprenante chez une enfant de 7 ans !
La queue des lézards repousse...
Pourquoi un escargot ne pourrait-il faire de même avec sa coquille ?
Peut-être suffisait-il de fournir à Bob de quoi la reconstituer ?
CRAC
CRAC
CRIC
C'était parfaitement raisonné. Bob mangea la coquille et put refermer la sienne.
Satisfaite, je constatais que mes efforts payaient et que mes compétences scientifiques s'affinaient.
BRAVOOO
CLAP
CLAP !
BRAVOOO

Je ne saurais dire quelle fut la fin de Bob et Jane.
SPROUTCH
Les années passaient et mes petits amis avaient tendance à disparaître "comme ça".
Peut-être avais-je tort d'en accuser Tabitha...
FROT FROT
Peut-être...
Les pertes de certains s'équilibraient avec l'arrivée des nouveaux. Ma science progressait.
Je fus par exemple incollable sur le régime des têtards.
Comment comptez-vous nourrir vos punaises d'eau?
Avec des orties, des épinards et du jaune d'œuf dur!
Et ce ne sont pas des punaises, ce sont des têtards.
C'est du pareil au même, pour moi. Je ne sais pas ce que vous leur trouvez...
Voir tomber la queue et pousser les pattes d'un têtard est quelque chose de merveilleux.
Cette pauvre petite.

Mon terrarium achevé, j'y fis grandir une jolie locataire.
Oh, le bel insecte volant, Mme Rainette...
Bzzzz ... Bzzz...
Aujourd'hui, chantez pour moi, je vous prie.
...
Mme Rainette ne voulut pas chanter et se laissa mourir d'ennui.
Je la remplaçai bientôt par un crapaud qui avait dû souffrir de quelque accident car il sautait de travers.
J'en étais positivement amoureuse...
J'ai décidé de vous appeler Darling !
Mais en dépit de mes tentatives...
Il ne se transforma pas en prince charmant.
Nous nous quittâmes dans des circonstances tragiques.
J'en eus le cœur brisé.
BOING
Darliiiiiiing !

C'est dans ma huitième année que je pris l'habitude de noter toutes les observations que je faisais sur mon petit monde.
Darling #2, vous n'avez pas les beaux yeux de votre prédécesseur.
J'agrémentais mes remarques scientifiques de dessins qui embellissaient peut-être un peu la réalité.
À ce stade de mon récit, on pourrait croire que je vivais seule dans la nursery avec mes compagnons...
Madame votre mère vous réclame au salon.
Et on ne serait pas tellement éloigné de la vérité.
Je voyais rarement Maman.
Asseyez vous.
Elle était de ces personnes pour qui un enfant pouvait à la rigueur être vu, mais jamais entendu.
Quelle est la principale fin de la vie humaine ?
Sans nos échanges à propos du Guide spirituel du jeune enfant...
Maman n'aurait pas su quel était le son de ma voix.

Cette voix était tellement grave pour une petite fille que Maman tressaillait chaque fois que je lui répondais.
Pourquoi dites-vous que ma voix n'est pas exactement la mienne ?
Quelqu'un d'autre parle par votre bouche, Miss Charity !
Avant de poursuivre, je pense qu'il est temps de parler un peu de Tabitha.
...
Écossaise, née à Killiecrankie, elle avait grandi dans un pays où les Dames blanches pleurent sur les moors.
Où les fantômes de ceux qui les ont assassinées se traînent misérablement sur les chemins de ronde.
Mes parents pensaient que la faim avait jeté Tabitha sur les pavés de Londres.
Mais c'était une bien plus terrible histoire qui lui avait fait quitter son village tout en lui dérangeant l'esprit.
Une histoire dont ils ignoraient tout.

Maman, très exigeante avec les domestiques, était satisfaite de Tabitha.
Elle était propre et ordonnée et, par-dessus tout, habile couturière.
Maman l'aurait seulement souhaitée un peu plus laide.
Tabitha était un animal nocturne.
CHRONIQUES de L'ÉPOUVANTE
LE VAMPIRE DE BROADCHURCH A ENCORE FRAPPÉ
Elle me fascinait comme me fascinaient les chouettes et les chauves-souris.
Pourtant, elle se couchait de bonne heure, juste après m'avoir mise au lit, à neuf heures en été, à huit heures en hiver. Mais dès qu'elle avait refermé la porte derrière elle, je la sentais près de moi, à mon chevet...
sur mon oreiller
dans mes draps
dans mon coeur
dans mon âme
sous ma peau
dans mes rêves.
Pour une raison très simple : elle ne me quittait jamais sans m'avoir raconté une histoire – qui était toujours effrayante.

Vous vous rappelez, Miss Charity, celui qu'on appelle le Bonnet Rouge à Killiecrankie ?
Oui, le nain qui se cache dans les châteaux en ruine.
Mais savez-vous pourquoi on l'appelle le Bonnet... Rouge ?
Je l'ai compris quand j'avais à peu près votre âge, Miss Charity.
Mon cousin d'une vingtaine d'années était très amoureux de Kate Macduff, la fille de l'aubergiste...
auberge
Georges, c'était son nom, s'était fiancé avec Kate en cachette, car le père, tout à la fois aubergiste et ivrogne, avait presque vendu sa fille au vieux notaire.
Nos jours heureux
auberge
La nuit, Georges et Kate se donnaient rendez-vous dans un lieu secret.
Le château du duc d'Atholl avait brûlé il y a un peu plus de dix ans mais ce soir-là, il abritait en son sein un autre que les deux seuls amants...

KRKKKK
Qu... qui était là, Tabitha?
Le Bonnet Rouge!
KKKRRRRR
KKK KKKK
KKRRR
KKKK
Le Bonnet Rouge guette les amoureux. Il en est jaloux.
Quand il en voit, il cherche quel mal il pourrait leur faire.
Hé Hé Hé
Et le voilà qui pousse,
qui pousse une pierre en équilibre...
KKKK
KRKK
Pour la faire basculer, il ruse de plus belle...
KKKKK KKK
KKRRK
KKKRKKK
Va-t-elle tomber?
?

Mon Dieu, Kate !
Impuissant à libérer son aimée, il partit réveiller tout le village.
Pendant ce temps, le Bonnet Rouge dégringola du rempart pour accomplir son rituel...
Pourquoi tremper son bonnet dans son sang... ?
Car c'est ainsi qu'il lui garde sa belle couleur !
Bonne nuit, Miss Charity !
Mais que sont devenus Georges et Kate ?
Oh, ça...

Quand Georges est revenu avec l'aubergiste, le notaire et tout le village, Kate était déjà morte, vidée de son sang. On accusa mon cousin de l'avoir tuée...
Et il ne tarda pas à la rejoindre.
Le vieux notaire épousa Emily Macduff, la sœur de Kate, qui était plus jeune mais pas aussi jolie.
Et l'auberge des Macduff porte désormais un nom différent, un nom terrible...
Au Bonnet Rouge
AUB
Non seulement les histoires de Tabitha étaient abominables...
Mais les méchants y triomphaient toujours.

Selon ma bonne, seule la méchanceté tire son épingle du jeu ici-bas.
Qu'est-ce que c'est ?
Tabitha voyait la présence du démon dans chaque animal que je recueillais.
C'est Julius, puis-je le garder ?
Vous vous en sortirez dans la vie parce que vous êtes mauvaise.
Ça veut dire que vous êtes d'accord ?
Comme je vous l'ai déjà dit, si votre voix n'est pas celle d'une enfant, c'est parce que vous êtes possédée.
Tabitha...
Il y a trois démons en vous, Miss Charity :
AZAZEL
BAPHOMET
&
ASTAROTH
Hé bien soit ! C'est Azazel qui m'a poussée à adopter Julius !
Pauvre enfant...
Miss Tutu avait fui après avoir dévoré ses propres petits, aussi je ne fus pas mécontente d'accueillir à sa place Julius, que j'apprivoisai comme un chien miniature.

Quand, à partir de ma huitième année, mon amour des animaux se doubla d'un véritable intérêt scientifique,
MUES DE SERPENTS
COQUILLES D'ESCARGOT
j'eus la chance de tomber sur un loir, mort de fraîche date.
Certaine que ma mère était en visite et mon père à son club...
j'accordai à cette trouvaille toute mon attention.
L'objectif était de tenter une reconstitution du squelette.
Vous vous en sortez, Miss?
Hmpf... certains os sont fins comme des bâtons d'allumette...
Je compris ce jour-là que le loir est un animal charmant...
À condition de le laisser en paix!
Cette pauvre petite...

Un jour de marché où j'accompagnais Mary, j'achetai à un petit garçon un Rossignol.
Je le baptisai Borgniolle.
Plusieurs oiseaux étaient déjà passés entre mes mains et étaient tous morts assez vite. Celui-ci voulut vivre.
Borgniolle fut mon premier sauvetage réussi.
Tu sais voler !
?

Une autre fois, Mary était revenue des courses avec un lapin.
Votre père les aime beaucoup...
Ah bon?
Oui...
En pâté!
Ha ha ha ha
?
Oh Mary...
S'il vous plaît, ne le tuez pas tout de suite!
Le lapin eut droit à un sursis...
Et dès qu'il fut en sûreté dans la nursery, je lui cherchai un nom.
Petit, petit...
Appelez-le Pâté.
Je suivis sa suggestion.
Pâté?...
Ça l'habituera.

Pâté était un lapin très peureux, ce qui se comprenait dans sa situation.
Pâtééé, au pied !
"Pâté au pied" ?
Plus que tout, Julius le terrifiait.
Mais j'avais un don pour gagner la confiance des animaux, même des plus craintifs.
Voilà qu'il mange sa garniture !
Dès qu'il apercevait mon rat, il initiait un petit rituel pour prévenir du danger le reste de sa tribu.
sa tribu
PAM
PAM
PAM
Puis il regagnait fièrement ses pénates.
C'est là que Mary vint le chercher un lundi matin pour le mener sur le lieu de son exécution.
Je n'étais pas capricieuse et me contentai de verser des larmes silencieuses.
Vous voulez que je vous garde la peau ?
Ce drame clôtura ma huitième année.
Moi je veux bien la patte, pour me porter chance.

La veille de mon neuvième anniversaire, je détachai une feuille de mon carnet d'observations scientifiques et je m'écrivis une lettre à ouvrir quand je fêterais ma douzième année.
Chère amie,
Quand vous me lirez, vous serez une vraie savante et vous saurez enfin dessiner les hérissons correctement. Maintenant, vous n'avez plus peur la nuit du Bonnet Rouge ni de vos deux petites sœurs qui sont des anges au Paradis, et pas du tout des squelettes.
Tabitha a bien voulu que vous installiez un nichoir à oiseaux dans le jardin, et Mary vous a donné un lapin au lieu de le tuer comme lundi dernier.
Vous êtes très heureuse mais, je dois vous le dire pour que vous restiez modeste, vous n'êtes pas devenue jolie.
Votre affectionnée
Charity Tiddler

Mes jours anniversaires comptaient autant de porridge et de gâteaux de riz que les autres. La seule différence, c'était qu'on me conviait au salon pour le dîner.
Maman expliquait alors à Papa la raison de ma présence...
"Charity a six ans."
"Charity a sept ans."
"Charity a huit ans."
Et ce jour-là...
Charity a neuf ans.
Eh bien...
On aurait pu croire qu'il allait dire quelque chose d'intéressant, mais il n'en fut rien.

La timidité m'interdisait de regarder Papa dans les yeux.
Je ne connaissais de lui que la fossette de son menton et ses favoris qui lui descendaient jusqu'aux épaules comme des oreilles de cocker.
J'avais entendu des amies de ma mère se dire entre elles...
Mr Tiddler est un bel homme !
Je supposais donc qu'il en était bien ainsi, mais je n'ai jamais pu m'habituer aux oreilles de cocker.
Wouf.
Toujours est-il que ce jour-là, maman se mit à parler et, chose qui m'effraya, elle parla de moi.
Lady Bertram, mariée à Sir Philip Bertram, était la sœur cadette de Papa. C'était aussi ma marraine.
Lady Bertram m'a recommandé une personne qui pourrait devenir la gouvernante de Charity.
Ah oui ?
Maman attendit que Papa voulût bien préciser sa pensée.
Mais il n'en fit rien.
DONG
DONG
DONG
DONG
DONG
DONG
DONG

Charity arrive à un âge où la présence d'une gouvernante devient nécessaire.
Ne croyez-vous pas, Albert ?
Hmpf...
Cette phrase occupa mes pensées jusqu'au coucher.
Voyez donc cette personne que vous recommande ma sœur.
Tabitha, croyez-vous qu'une gouvernante puisse être une personne agréable à fréquenter ?
J'ai connu une gouvernante quand j'étais à Killiecrankie. Elle s'appelait Miss Finch.
À 30 ans, elle avait les cheveux d'une couleur peu naturelle...
Elle avait été au service de la famille du duc d'Atholl avant que leur château brûle.
Elle était la gouvernante de la petite-fille de la duchesse, une enfant de votre âge mais qui était belle, qui savait chanter et qui jouait du piano à ravir.
2 deux
3 trois
4 quatre
Elle s'appelait Ellen.

Miss Finch apprit l'allemand, le français et l'italien à la jeune Ellen.
Celle-ci était si douée qu'elle n'eut bientôt plus rien à apprendre et Miss Finch reçut son congé du duc.
Ce fut cette nuit-là que le château prit feu et que Miss Finch eut l'horrible chagrin de voir sa jeune élève carbonisée sous ses yeux.
Elle-même réussit à échapper aux flammes de justesse.
Mais dès le lendemain, ses cheveux devinrent blancs.
On disait parfois à Killiecrankie que c'était elle...
C'est Miss Finch qui avait mis le feu.

Jouez-vous du piano ?
Non?
Lady Bertram
Chantez-vous ?
Parlez-vous français ?
Non.
Mlle Blanche Legros fera l'affaire.
Bien sûr, elle est française...
En tant que telle, Mlle Legros a les défauts habituels des Françaises!
Mollesse et sentimentalité.
Mollesse et...
"Sentimentalité" ?
Absolument!
Rassurez-vous ma chère, elle n'est pour autant ni vaniteuse ni coquette!
Soit...
Nous allons donc confier Charity aux bons soins de cette personne.
ti-tro-ve-rò-a-da-gio

Il devenait soudain urgent que je joue du piano, que je chante en italien et que je parle en français.
Il me semblait que toutes ces choses allaient se produire par miracle et j'attendis avec une certaine impatience l'arrivée de la magicienne.
1
2
3
4
9997
9998
9999
10 000
Mais les semaines passèrent et il n'en fut plus question.
Pour m'occuper l'esprit, j'écrivais des phrases en langage codé, le A devenant B, le B étant un C...
Il a plu toute la journée.
=
Jm b qmv upvuf mb kpvsoff.
J'ai le sentiment d'avoir fait progresser la science.
?
Comme j'approchais de mon dixième anniversaire et qu'aucune gouvernante n'était en vue...
Pili Piiiii
pou
Vous avez raison Julius, il y a sûrement mieux à faire.
Je m'avisai finalement d'une chose merveilleuse !
Il y a des centaines de livres qui m'attendent dans la bibliothèque de Papa !

Naturellement, ni lui ni Maman ne m'auraient autorisée à les emprunter...
Il suffisait donc de ne pas leur demander !

Je ne compris pas tout, mais je lus avec grand intérêt et décidai d'apprendre la pièce par cœur...
Ce Royaume du Danemark, où un fantôme criant vengeance entraînait la mort de tous les héros, ne devait pas se trouver très loin de Killiecrankie.
HAMLET
Être ou ne pas être, telle est la question.
Mourir, dormir, rien de plus, peut-être rêver ! Oui, là est l'embarras.
Ce Shakespeare n'est qu'un radoteur !
Car quels rêves peut-il nous venir dans le sommeil de la mort ?
Un Rat !
Fort heureusement, je n'ai tué que Polonius.
?
Le Rat n'a rien, rassurez-vous.
TOUSS TOUSS
La gouvernante est là !
On jurerait Miss Finch...

Qui est Miss Finch ?
Miss Tutu ?
Ni Finch ni Tutu, j'en ai bien peur...
Blanche Legros, enchantée de faire votre connaissance ! Vous devez être...
Miss Charity ?
Excusez-moi mais... cette odeur ?
Ce sont mes amis...
Vos amis ?
Jack le hérisson, Darling, mon deuxième crapaud, puis mes nouveaux pensionnaires, les poussins Puff et Plike, mes souris Quenotte et Binette, et Klapabec, un geai colérique et unijambiste.
Et le meilleur pour finir : Julius mon Rat noir.
Seigneur Jésus !
Soyez la bienvenue, Miss.

Je retins tout ce que Mademoiselle m'apprit, sans difficulté comme sans plaisir.
Bonjour, comment allez-vous ?
Bone-joure, commente halé vuuu ?
Mon nom est Charity Tiddler, j'ai dizin.
Dix ans !
Je ne voyais pas l'intérêt de dire en français ou en chinois comment je m'appelais et l'âge que j'avais.
J'en suis fort aise, je vous salue !
Très bien !
Les leçons de piano m'assoupirent tout à fait.
J'ai toujours joué avec autant d'âme qu'une boîte à musique.
Quant aux leçons de danse, elles furent catastrophiques...
Mes sujets de préoccupation portaient évidemment ailleurs...
Ce sera tout pour aujourd'hui...
Madame la chenille processionnaire, combien de poils avez-vous ?
Au bout de deux mois, Mlle Legros ne savait plus que faire de moi.

J'aurais fait un petit garçon très acceptable, mais j'étais une fillette désespérante.
Écoutez Charity, j'ai beaucoup réfléchi à nos leçons.
Oui Mademoiselle.
Aimeriez-vous apprendre l'aquarelle?
Oui Mademoiselle.
Je ne savais pas que l'aquarelle servait à peindre...
Aussi découvris-je ce jour-là un monde nouveau. L'émerveillement me laissa le souffle en suspens.
jaune d'or
rouge écarlate
bleu de Prusse
Je n'avais jamais eu entre les mains que des crayons de qualité médiocre.
J'étais transportée d'enthousiasme, mais incapable de l'exprimer.

L'aquarelle est affaire de patience et de soin !
Je suivis chacun de ses gestes...
J'écoutai chacune de ses explications avec un intérêt passionné.
Je pose les ombres en dernier.
Mais vous voyez, on ne fait pas d'ombre grise en mélangeant du noir et du blanc, ce serait terne et sans vie.
Je vais faire un gris plus chaud en mélangeant du vert et du rouge...

Voudriez-vous essayer à votre tour ?
Est-ce que je pourrais peindre Jack ?
Rappelez-moi qui est Jack ?
Un hérisson !
Ce fut la première fois que je vis ainsi Mlle Legros.
Ha ha ha ha ha ha ha
J'avais peur que ce ne fût le rat !
Ça veut dire que vous êtes d'accord ?
Croyez-vous que Jack gardera sagement la pose ?
Le plus difficile sera de le tenir éveillé.
Il est très paresseux.
Votre hérisson hiberne, c'est impossible en mai.
Oh, si, Mademoiselle ! Jack peut décrocher quand il veut.
"Décrocher" ?
Jack décroche quand il est épuisé. Ça se passe toujours de la même façon.

JACK FROM LONDON
J'ai les crocs blancs
Jack fait un bon repas.
BURP
Nous jouons bien ensemble.
Il ferme maintenant les yeux et retient sa respiration.
Ses pattes se refroidissent, son nez devient tout sec.
Il peut se passer plusieurs minutes entre deux respirations.
J'ai décroché!
C'est très impressionnant! Les premières fois, j'ai cru qu'il était mort...
Et voyez-vous, Jack décroche au mois de mai comme au mois de février.
Vous... vous semblez bien connaître votre hérisson.
Je note tout sur mon carnet d'observations scientifiques.
Oh Cherry.
On ne m'avait jamais donné de petit nom et je ne sus qu'en penser.
Cherry?

Eh bien alors, si vous me présentiez vos amis ?
Suivez le guide.
Pauvre Klapabec, si seul.
Quenotte et Binette sont telles deux petites personnes très affairées.
Mes poussins ont bien grandi et sont menacés par la casserole.
Ne les plaignez-vous pas ?
Vous savez, "nous engraissons toutes les autres créatures pour nous engraisser, et nous nous engraissons nous-mêmes pour les vers".
Vous le sauriez si vous aviez fréquenté Hamlet autant que moi.
...
Toutes ces cages, ma pauvre Tabitha.
Vous me parlez ?
Je... je disais qu'elles doivent vous donner bien du travail...
Que je sois damnée si j'y touche !
En... Entendu...

L'hiver 1881 ouvrit l'un des chapitres les plus extraordinaires de ma vie.
J'avais 11 ans révolus.
Hâtez-vous de poser vos pinceaux, c'est l'heure du départ !
Mes parents et moi-même étions invités à Bertram Manor, chez ma marraine.
Vous vous êtes bien habituée à Jack !
En effet...
Et vous à l'aquarelle, Cherry ! Quel talent !
Quitter Mademoiselle pour dix jours me désolait, mais ce n'était pas le pire.
Vous avez l'air soucieuse... Que se passe-t-il ?
Que va devenir ma ménagerie ?
Vous savez bien qu'en votre absence, Mary a accepté d'en prendre soin.
Vous pensez que tout se passera bien ?
Pas d'inquiétude ! Et en ce moment même...
Tabitha est en route pour la maison de vos cousins...
accompagnée de l'un de vos amis.

Je n'attendais pas grand plaisir des jours à venir.
Lady Bertram était comme les autres adultes : une poseuse de questions.
Ses enfants, mes cousins Philip, Lydia et Ann, que je ne connaissais pas, étaient sans doute affreusement gâtés.

À entendre leur mère faire leur portrait, je les imaginais telles des poupées de cire avec lesquelles on n'a pas le droit de jouer.
Quant à Noël, il ne m'était pas encore venu à l'idée qu'il pût s'agir d'une fête.
Papa et Maman arboraient en cette circonstance un air si grave et résolu...
Un air, comme s'ils étaient bien décidés à venir à bout de ce jour comme de n'importe quel autre jour de l'année.
901
Et tandis que je me questionnais cette fois sur l'air qu'allait avoir Lady Bertram en nous accueillant...
Ce fut Tante Janet qui nous reçut dans le froid, que ma marraine rechignait à braver.
Mes bons amis, soyez les bienvenus !
Il est si tard, entrez vite...

Le lendemain matin, le soleil n'était pas encore levé que tout l'étage résonnait...
BOM BOM BOM
Lydiaaaa, stop!
De l'eau! Il n'y a pas d'eau chaude?
Je ne trouve pas ma deuxième botte!
Eh bien, vous n'êtes pas levée Miss Charity?
Vous n'entendez pas la cloche?
Il y a le feu?
Non, c'est Tante Janet qui appelle au petit déjeuner.
Mon Dieu, que vous êtes vilaine ce matin avec vos yeux bouffis!

Il y avait une dizaine d'enfants à Bertram Manor pour les vacances de Noël.
Entrez, entrez, Charity.
Lucy
Pamela
Charles
Emily
Oliver
Edmund
Lydia
Ann
Philip
Jeremiah
Lady Bertram adorait les enfants. Mais comme elle ne supportait pas le bruit, c'était Tante Janet qui s'en occupait.
Tante Janet oubliait de me préciser que nos liens de parenté étaient assez lointains...
Ce qui n'était pas le cas des enfants de Lady Bertram puisqu'issus de germain.
Voici vos cousines et vos cousins.
Bon... jour !
Philip, Lydia, Ann, je vous présente votre cousine ! Charity Tiddler.
Enchantée.
Charity pffiddler
Charity a le même âge que vous, Ann : 11 ans.
Ann me parut plus enfantine que moi...
Ah oui pppfff ?
Allons maintenant prendre le thé !

Lydia, 13 ans, était tout le portrait de sa mère.
Vous êtes très belle, Lydia!
Elle avait à mon avis, beaucoup trop de dents.
Quant à mon cousin Philip, âgé de 15 ans, il avait un air de distinction fatiguée.
Intimidée par eux trois, je lisais dans leurs yeux que j'étais une noiraude enveloppée dans un double-rideau.
En ce matin d'hiver, je me serais volontiers éclipsée pour courir dans la campagne.
À la différence des grandes personnes de ma connaissance, Tante Janet n'avait rien d'intimidant.
Elle pouvait avoir 30 ans tout aussi bien que 50.
Elle avait de toute façon passé l'âge de se marier.
Un peu de lait dans votre thé?
Je vais vous chercher des pancakes, les enfants!

Que désirez-vous faire, Charity ?
Je… je l'ignore…
Faisons une partie de Nain Jaune !
Je préfère le Loto !
C'est pour les bébés.
À moins que ma cousine ne veuille y jouer ?
J'… j'aime mieux aller dehors !
Ah oui, de l'air !
DE L'AIIIIIIIIR !

Une fois dans le parc, je me découvris une supériorité sur mes cousins.
En voilà une qui ne craint pas de se salir...
L'air frais si pétillant me tourna la tête...
Sans réfléchir, je me laissai griser.
Mon cœur bondissait de joie.
La petite Londonienne voyait enfin le monde...
Le vaste monde !
Cha... Charity !
Il... il ne faut pas vous sauver. Vous vous perdriez très vite.
Je me souvins alors que je n'étais que moi.
Pardonnez-moi, j'avais des fourmis dans les jambes...

J'aurais marché des heures durant mais...
J'ai les bottines trop serrées !
Et moi j'ai des palpitations !
Nez pipi.
Tout le monde se déclara enchanté de la promenade, surtout ceux qui s'étaient plaints.
Le grand air semblait cependant avoir perturbé l'un d'entre nous.
?
Philip !
Au nom du ciel, ressaisissez-vous !
Mais qu'on apporte un verre d'eau pour Philip !

Un verre d'eau, vite ! J'y cours !
Mais pas vous, ma pauvre !
Vous ! Vous voyez bien que cet enfant est souffrant !
Oui Madame !
J'appris ce jour-là que mon cousin était un être fragile...
Mais fervent pratiquant de la RÉSURRECTION.
Desserrez votre col, mon enfant.
Je... je me sens mieux.
Vous allez vous installer sur le divan.
Vous êtes inconsciente ! Vous savez bien que j'en tomberais malade si je devais soigner Philip !
Voilà le verre d'eau !
?

Le lunch fut très gai, car nous étions hors d'atteinte des parents.
Et nous mangeâmes à nous en barbouiller le cœur.
Je découvrais un monde où les enfants font du bruit et réclament.
Enco' limonade!
Jusqu'à l'après-midi et son étonnante quiétude.
Pfff... Kenneth est en retard!
Il viendra...
Rflflf...
Le calme avant la tempête...

Le voilà! Le voilà!
Venez tous!
J'avais eu bien du mal à exister aux yeux de mes cousins...
Or, dès que Kenneth parut, je sentis que je n'existais plus.
Ni "bonjour" ni "vous plaît-il ?"
Il fait un froid de gueux!
On va jouer à Snap Dragon!
Sentez comme elles sont glacées!
Hiiii
Ce cher Philip!
Kenneth...
Oh, mais qui voilà!
Cette chère Janet! Plus fraîche qu'un flocon!
Kenneth...
Nous accueillions un feu follet auquel personne ne semblait pouvoir résister.
Snap Dragon nous réchauffera les mains. Allez, je vous prie, chercher le nécessaire!
Kenneth...

RAISINS SECS
SNAP DRAGON
CLAP
CLAP
CLAP
CLAP
CLAP
CLAP
À vous, mes amis !

Allez, tout le monde se calme, nous allons jouer au Nain Jaune !
Kenneth était le seul enfant à dire "Janet".
Oh non, Janet, par pitié !
Faisons plutôt une partie de colin-maillard !
COLIN-MAILLARD !
Lin Maya !
L'avantage, c'est que les enfants sont calmes.
En effet...
BOUM
L'avantage, c'est que les enfants sont loin.
En effet...
Nous jouâmes à colin-maillard, et la partie fut à l'image de celui qui l'avait proposée...
Endiablée.
Allez, rien de grave Janet...
Le jeu reprend !

Hiiiiiii
Hmmm... voyons...
Hi hi hi hi
S'agit-il d'Edmund ?
Non, non... c'est Janet! Ou Philip?
Rooooh...
Vous êtes ridicule!
Et vous, qui êtes-vous?
?

Qu'on apporte de la lumière, le jeu est fini !
Je m'appelle Charity Tiddler.
Oh, oh !
Charity... Ce doit être un nom bien agréable à porter...
Bien le bonsoir, Miss Charity.
Le bonsoir à tous !
...
Ce soir-là, dans ma chambre, je dessinai...
Kenneth

Puis vint le jour de Noël.
Vous allez voir, tout a été décoré en prévision du bal de ce soir.

Les parents nous attendaient dans le salon, indifférents à la merveille la plus incroyable du monde.
oOOOH !
Quel sapin !
C'est magnifique !

Hue cocotte !
AQUARELLES WINDMILL

Bienvenue, chers amis !

C'est le fils unique de Mrs Ashley qui danse avec Miss Bertram.
Pardon
Je vous prie de m'excuser
Tapez du pied, tapez des mains, sautez !
Quelle chaleur !
Et maintenant chers amis, buvons !

J'étais heureuse et je n'avais pas assez de mes deux yeux pour tout voir.
CLAC
CLAC
CLAC
Vous ne dansez pas, Miss Charity ?
?
Je ne sais pas danser.
Personne ne le sait, vous le voyez bien !
CLAP
CLAP
CLAP
CLAP
UN RAT ! J'AI VU UN RAT !

Là, le long d'un rideau.
Où ça, un rat ?
Il est là, là, dans un coin !
Quel rideau ?
Il nous faut un bâton !
Ou le tison !
Je vais lâcher sur lui mon meilleur chien !
Julius !
Quelqu'un a dû ouvrir sa cage...
On l'a eu !
Il est mort !
Vous avez eu si peur que ça ?

Il est mort. Soyez rassurée!
Tout le monde s'est remis à danser!
C'était mon rat! Allez-vous-en.
Votre rat?
J'avais un rat dans une cage sous ce meuble.
Un rat noir?
Oui!
Il est là? Julius?
Ce n'était pas lui dans le salon?
Non, l'autre s'appelait Auguste!
Oh Julius!
Vous m'avez fait une grande peur!
Je vous remercie M. ...
Ashley?

Quand je revins dans le salon, personne ne s'était aperçu de ma brève disparition ou presque...
Vers minuit, on apporta des merveilles pour nous contenter.
Du Christmas Pudding !
Chic, du punch enflammé !
La fête fut totale.
Et enfin, tout devint noir.
Les vacances étaient finies.
J'allais rentrer à Londres, des images plein la tête.

Les jours passèrent qui devinrent des semaines.
Les raisins enflammés au jeu de Snap Dragon, le sapin qui monte au plafond et Papa qui sourit se figèrent dans ma mémoire comme sur les photographies.
Avais-je vraiment vécu toutes ces choses extraordinaires ?
Au soir de mon douzième anniversaire, je souris en constatant la naïveté de l'enfant que je n'étais plus tout à fait.
Chère amie,
Quand vous me lirez, vous serez une vraie savante.
Plus on apprend, plus on sait qu'on ne sait rien…
Mon père m'avait offert un livre qui pose toutes sortes de questions.
Vous voilà, vous.
LE LIVRE DES NOUVELLES MERVEILLES
Mais je commençais à soupçonner que certaines choses ne s'apprennent pas dans les livres.
J'avais besoin d'apprendre du vaste monde et mon talent pour l'aquarelle allait m'y aider.
Vous êtes en retard pour prendre la pose, Jack.
Votre portrait est presque fini. À partir de demain, j'explorerai les environs chaque fois que je le pourrai.

Maman nous accompagnait toutes les fois qu'elle ne souffrait pas des nerfs, mais pour le plus grand dommage des miens.
À l'en CROIRE, je ne choisissais jamais le bon endroit pour peindre, ni le bon moment.
Je manquais de recul, ou je n'avais pas adopté l'angle le plus judicieux.
Ce vieux mur déparait le paysage ou il fallait attendre une éclaircie.
Miss Finch?
CROÂÂÂÂÂ
Et quand l'éclaircie arrivait Maman avait un malaise à cause de la chaleur.
Aussi, chacune de ses absences assurait la sérénité aux forces en présence.

Papa demanda un jour à voir mon carton à dessins...
J'attendis le commentaire qui devait suivre...
Et je l'attends encore.
Mais quelques jours plus tard...

J'avais grandi et mes frayeurs enfantines avaient disparu. Sauf une nuit...
Levez-vous ! Vite !
Hmmm ? Où ? Qui ?
C'est Miss Finch !
Oh, c'est vous, Tabitha ?
Que se passe-t-il ?
Le feu ?
Pas encore. Mais elle va le mettre tôt ou tard.
Je l'ai reconnue.
Qui ?
Cette fille qui se fait passer pour une française.
HA HA HA HA HA HA HA HA

Vous parlez de Mademoiselle Blanche ?
Chut... plus bas.
Elle est là, elle nous espionne, c'est Miss Finch...
Calmez-vous Tabitha, parlons ensemble...
Je ne parvins pas à démontrer à ma bonne qu'il n'était pas possible que Mlle Blanche Legros fût la gouvernante de Killiecrankie...
C'est elle. Elle tue les petits enfants.
Elle a jeté le sien, son propre enfant, elle l'a jeté dans la rivière...
Mais elle finit par reprendre raison et me fit jurer de garder le secret.
Vous avez ma parole, Tabitha...

Cessez ces enfantillages, Miss Charity !
Fricassée doit passer à la casserole !
Hors de question ! Et son nom est Peter ! Master Peter !
Donnez-le-moi !
Vous me tuerez avant, Mary !
?
J'ai connu beaucoup de lapins dans ma vie.
Mais Peter était un lapin d'exception.
Tout de suite, il montra des prédispositions en arithmétique.
Peter, deux plus un font ?
POM POM POM
Ainsi qu'une marge de progression certaine...
Très bien, et deux plus trois ?
POM POM POM
Par-dessus tout, il avait une passion pour la peinture.
?

Alors que Peter devenait le roi de mon cœur, je décidai de m'écrire une nouvelle lettre pour mes 15 ans.
Chère amie, vous voilà jeune fille !
Vous avez appris par cœur Roméo & Juliette.
Le livre des Nouvelles Merveilles vous a fait progresser dans les sciences naturelles !
Je dois vous féliciter pour votre haute taille et votre port de reine.
Dès le lendemain, j'entamai le programme que je m'étais fixé pour les trois années à venir.
LITTÉRATURE
Ô Roméo ! Pourquoi es-tu Roméo ?
?
SCIENCES
Après le livre des Merveilles, Papa m'a offert cet admirable outil d'observation !
Je consacrai alors des heures à observer de microscopiques nouveaux compagnons...
Ou encore à reproduire des détails des ailes du Sphinx du troène, ou des huit pattes poilues de l'araignée-crabe.
Hello.
POM
PAM
POM
Oh, ces nouvelles lunettes ? C'est parce que ma vue fatigue...

Bien occupée par mes Capulet et autres tardigrades, un an s'était écoulé...
Une décision prise par mon père allait alors chambouler ma routine.
L'occasion se présentait enfin d'appliquer le reste de mon programme.
Nous allons tous passer l'été dans le Kent, dans une maison non loin de Bertram Manor !
OOOH...
Quelle aventure ! Vite, préparons les valises !
Succube...
Pour ce faire, il fallait me lier d'amitié avec mes cousines Lydia et Ann...
Concernant mon cousin Philip, je me sentais gagnée par cette timidité que je voulais surmonter.
Quoi qu'il en soit, le seul obstacle avéré de mon entreprise répondait au nom de...
Maman ?!
Elle souffrait des nerfs et avait découvert que je savais faire ce qu'il fallait pour la soulager, parce que l'insensibilité, mon autre qualité, me rendait efficace.
Bref, j'allais devoir ruser pour préserver un peu de solitude...

Je fis part à Papa de mes intentions...
J'aimerais occasionnellement m'adonner à la cueillette aux champignons.
Lui-même ne jurait que par la pêche à la mouche. Nous nous comprîmes parfaitement...
En effet!
Moby Dick
Le bonheur...
Le bonheur était dorénavant là, sous mes yeux.
Une seule chose me troublait...
L'obligation que je m'étais faite de devenir l'amie d'Ann et Lydia.

Lorsque mes cousines arrivèrent à Dingley Bell, Lydia me parut très sûre d'elle.
Hoooo! Tout doux!
Et l'absence de mon cousin fut remarquée.
Votre frère est-il en vacances en ce moment?
Hmpfff
Il est tombé malade pendant sa pension à Eton. On a dû le ramener à la maison...
Nous apprîmes ainsi que Philip poursuivait ses études sous la direction de Herr Schmal, un précepteur allemand.
Lydia parlait en avalant les mots...
Sa soeur l'ennuyait, son frère l'ennuyait.
Pour elle, même la campagne était ennuyeuse...

Le paradoxe était total : je souhaitais cultiver leur amitié mais je n'avais rien à leur dire.
Pfff...
J'eus une soudaine inspiration...
Voudriez-vous voir mon hibou et... mon... lapin ?
Elles retrouvèrent un peu de gaieté au milieu de mon petit zoo.
Klapabec
Maestro
Darling
Peter
Julius
Cook
Quenotte
Beeeeeerk !
?
C'est une honte de garder cet oiseau en vie. Il souffre et il vaut bien mieux le tuer
Oui, en l'étoupfffant !
Krèèèk !
Quel caractère ! Il est pfffoffreux...
Que diriez-vous, vous-même, si on parlait de vous étouffer ?
Sans doute celui-ci est-il la moins hideuse de vos créatures.

Vous allez voir, Master Peter compte admirablement.
?
Peter, combien font 1+3 ?
Allons Master Peter, répondez.
Piiiiii
Piiiiii
Oh, faites attention, vous la serrez très fort !
C'est dégoûtant !
Quelle idée stupide de collectionner ces petites horreurs !
Ma pauvre amie...
Il est tard, nous rentrons.
Tandis que mes cousines reprenaient la route de Bertram Manor, je ne pus m'empêcher de penser que l'animal le plus primitif de Dingley Bell, ce jour-là, ne se trouvait pas nécessairement dans une cage.

Le lendemain, je partis herboriser à pied en compagnie de Mademoiselle que ni le nom ni les mœurs des plantes ne passionnaient…
Ne vous éloignez pas, Cherry !
CRI CRI CRI CRI CRI CRI CRI
CRI CRI CRI CRI
Vous avez perdu quelque chose, Miss ?
Vous cherchez un grillon ?
CRI CRI CRI

Ça !
C'est le pas-de-porte de Monsieur Grillon.
Je parie qu'il est dans sa chambre, au bout du couloir.
Je vais le chatouiller, ça devrait le décider à sortir.
Hmm... il doit connaître le truc.
Ne regardez pas, Miss. Je vais lui pisser dessus !
Tenez, le voilà... prenez-en soin. Comme du Rat, n'est-ce pas ?
Appelez-le "Noéééé" ! Noé sauvé du déluge...

Je m'étais promis pour le lendemain une bonne promenade en bordure de rivière, là où Papa pêchait à la mouche avec le révérend Brown, mais...
Le thé-du-mardi de Lady Bertram prévaut sur le reste!
Oh, Maman, cela ne pouvait-il attendre mercredi?...
Cette enfant est stupide...
Bien que très fière de son lien de parenté avec Lady Bertram, Maman ne voulait pas s'avouer en situation d'infériorité.
Maman luttait pied à pied mais la lutte était inégale.
Veuillez me suivre.
Elle avait une cuisinière à Dingley Bell...
Dites au chef cuisinier et aux deux marmitons que nos invitées sont arrivées pour le thé.
Bien, Madame.
Elle avait une femme de chambre...
Et dites à la lingère, à la blanchisseuse et aux trois femmes de chambre que je souhaite les voir à 17H tapantes.
Plus l'après-midi s'écoulait, plus ma pauvre Maman verdissait d'envie...
Ils sont cueillis dans les vergers de Bertram Manor...
Je... je... je ne digère pas les fruits.

Lady Bertram invitait tout ce qui était à peu près fréquentable dans les environs...
Ah, c'est vous Mrs Ashley ? Vous ferez bien la quatrième au Whist ?
Ce cher Philip !
Charity ?
Je sais que vous avez pris des leçons de piano avec Mlle Legros.
Faites-nous profiter de vos talents.
Oh, non, vraiment pas, je ne... non...
Bien ma tante...

Laissez-moi la place. C'est mon tour.

Et c'est là que vous vous êtes fait réprimander ?
Madame m'a demandé à quoi me paie-t-on si mon élève est juste bonne à ridiculiser sa famille en public ?
Madame est parfois injuste, vous savez...
C'est ma faute, tout est ma faute...
Et Tabitha qui met des épingles dans mon porridge et qui raconte à Cherry qu'un jour je me vengerai en mettant le feu à la maison...
Allons, allons...
Je vous raccompagne à votre chambre. Haut les coeurs, Blanche !
Merci, Mary.
Vous avez raison, il faut que je garde en mémoire les beaux moments que nous avons eus.
On n'avait jamais vu plus bel été.
Et il paraît que votre élève a ramené de notre périple une nouvelle compagnonne ?
En effet, une hérissonne baptisée Mildred...
Chut, maintenant ! La petite doit dormir...
Mais loin de dormir, la "petite" récitait du Shakespeare au milieu de tout un ramassis de bestioles ! (Un assez bon résumé de ma vie d'alors.)
Lorsque quarante hivers COIN auront assailli ton front COIN COIN et creusé au champ de ta beauté COIN COIN COIN des tranchées profondes COIN COIN COIN COIN

* "Quoi que vous puissiez faire, quoi que vous rêviez, commencez-le." Goethe

Sur le chemin du retour, Blanche n'était déjà plus la même.
Herr Schmal semble très cultivé.
Mais comme ses yeux sont mélancoliques, n'est-ce pas ?
Au fil des leçons, je dus admettre que Ulrich Schmal n'était pas le triste vieillard que je m'étais imaginé.
Guillaume Tell, vous allez percer d'un carreau d'arbalète la pomme posée sur la tête de votre fils !
Et Mademoiselle semblait partager cette opinion.
Le pauvre enfant !
Rassurez-vous : Guillaume Tell, qui avait deux fils, les sauva tous les deux...
L'histoire de cet homme était pourtant tragique...
Ainsi s'achève notre leçon du jour.
CLAP CLAP
CLAP
Plus effroyable que tous les drames de Shakespeare et Goethe réunis !
Comme je vous dis : mon précepteur a eu deux fils, tous deux morts dans un naufrage avec leur mère.
Selon mon cousin, Herr Schmal n'était pas pauvre au point de devoir donner des leçons pour gagner sa vie. Non...
Il le faisait pour voir vivre des enfants autour de lui !

Un jour, Maman décida de mettre fin à nos leçons croisées d'allemand et d'aquarelle.
Herr Schmal n'a que 39 ans.
COIN !
En réalité, elle craignait pour moi l'exemple de Lydia.
Et j'en ai 25. La différence n'est pas si grande...
COIN COIN !
Courir les bals à 16 ans, quel exemple inconvenable !
Toujours est-il que Blanche, qui depuis plusieurs semaines avait pris des couleurs...
COOOiiiiiiiiiiiiNNNN
Oh M. Cook ! Vous me comprenez bien !
... les perdait de nouveau.
Il devenait ainsi urgent de nous trouver une nouvelle activité, propre à revigorer ma gouvernante.
Ulrich Ulrich

À quelques minutes de marche de notre maison, on venait d'inaugurer le nouveau Muséum d'histoire naturelle !
Pfff
Mademoiselle, qui ne partageait pas ma passion pour l'entomologie, s'y ennuyait beaucoup.
Cherry, rentrons à la maison, je vous prie…
Pas tout de suite, j'ai une surprise pour vous avant.
Je n'ai nul besoin de surprise, j'aimerais rentrer…
Aidez-moi plutôt à dessiner, donnez-moi des conseils.
Mais voyons, l'élève a dépassé le maître depuis longtemps !
Alors admirez un peu autour de vous, la beauté nous environne !
La "beauté", ça… ?
Ouvrez les yeux, Blanche !
Vous verrez ainsi la diversité des formes et des couleurs du monde entier !

V... vous ?
Moi !

J'avais été informée par mon cousin de l'intérêt de Herr Schmal pour le Muséum, qu'il fréquentait assidûment.
De là à lier mon goût pour les sciences naturelles à celui de Blanche pour le précepteur des Bertram...
...Il n'y avait là qu'un pas que je m'étais empressée de franchir!
Mademoiselle Legros, quel hasard formidable.
En effet.
Und meine liebste Schülerin ist auch da.*
Ehemalige Schülerin, Herr Professor!**
Venez, mes chères petites amies, allons faire quelques pas dans les jardins.
Herr Schmal paraissait vraiment heureux de nous voir.
Savez-vous ce que dit notre poète Richter?
"L'empire de la Mer est aux Anglais, celui de la Terre est aux Français et celui de l'Air aux Allemands."
Voilà pourquoi nous nous entendons si bien tous les trois.
Nous ne risquons pas de nous marcher sur les pieds!
HA HA HA HA HA
* Et ma chère élève est là aussi.
** Ex-élève, professeur!

Il fut décidé que nous nous retrouverions le mardi suivant dans la section de tératologie.
Admirez ce serpent à deux têtes.
Ainsi que le mardi suivant.
Notre trio avait érigé la mycologie en nouvelle passion commune.
Et encore le suivant …
Il faut peindre avec une précision scientifique les champignons !
Mon carnet prospérait et j'osai un jour faire part à mes amis de mon grand projet.
J'aimerais réunir dans une même étude tous ces champignons susceptibles de pousser dans un jardin londonien.
Miss Tiddler, vous avez là une idée brillante !
Je connais M. Barney, l'assistant du directeur de l'Herbarium des Jardins Botaniques Royaux et je vous présenterai à lui dès que vous aurez fini.

Nos mardis se succédèrent, suivis par de nombreux autres.
Oh Cherry... Pensez-vous que quelqu'un pourra faire oublier à Herr Schmal la perte de sa femme et de ses enfants ?
J'ai eu beaucoup de chagrin à la disparition de Darling Number One. C'était un crapaud remarquable. Je n'ai pas pu l'oublier...
Mais je me suis attachée à Darling Number Two d'une façon tout à fait satisfaisante...
En effet, c'est encourageant...
MOON STREET
13
DEVERELL & SON.
La section mycologie du Muséum fut un deuxième foyer.

Je me mis au travail avec ardeur, m'immergeant dans un monde de , ainsi que de , de , et de .
J'ai toujours pensé que les jeunes filles devraient faire des sciences plutôt que de la broderie !
Ne soyez pas trop sévère avec la broderie, Herr Schmal...
Miss Tiddler fait des aquarelles si minutieuses qu'elle trouvera sûrement un éditeur. Je vois déjà le titre...
« LES CHAMPIGNONS DES VILLES »
L'enthousiasme de Herr Schmal me nourrissait.
Et transportée par l'idée de rencontrer M. Barney, j'élargissais mon champ d'études à toutes formes de pourriture.
Les moisissures ne m'éloignaient pas de mon intérêt premier pour la mycologie, puisqu'elles sont aussi des champignons.

En résumé, j'avais désormais un but dans l'existence que rien ne pouvait éclipser. Pas même...
La nouvelle parenthèse à : DINGLEY BELL
{MORCEAUX CHOISIS}
J'ignore le nom de ce champignon.
Il s'appelle Noddy. Noddy Smith.
floushhh
Mrs Ashley compte épouser un aventurier du nom de Nicodème-Noddy Smith.
En fait, Miss Finch, c'est moi...
Je suis Emily Macduff, du Bonnet Rouge, et je vais me débarrasser de cela.

On va monter une pièce de théâtre ! Je suis Roméo !
Je suis Juliette !
« Oh, plutôt que d'épouser Pâris, dis-moi de m'élancer des créneaux de cette tour, ou d'errer sur le chemin des bandits... »
« Dis-moi de me glisser où rampent les serpents, enchaîne-moi avec des ours rugissants... »
Une mère est la meilleure des compagnes pour sa fille. Elle passe trop de temps avec sa gouvernante...
L'été 1884, fort riche, me parut cependant plus long que le précédent. J'étais pressée de rentrer.

Or, je ne me doutais pas que le retour à Londres serait synonyme de moments tragiques de mon existence.
Hé là, chauffeur !
Le temps était venu de soumettre mes dessins scientifiques à M. Barney.
Charmé de vous rencontrer, Miss Tiddler.
Hmpf... Hmpf... Schmal vous a dit que j'étais un spécialiste des plantes tropicales, exclusivement tropicales ?
Où avez-vous fait figurer le grossissement schématique des détails ?
...Nulle part ?
Miss Tiddler ?
Mon Dieu, la science et les femmes !
BARNEY
Alors ?

Vous devez m'en vouloir, petite amie, de vous avoir exposée à la stupidité de cet individu borné.
Vous auriez eu dix années de plus et vous vous seriez appelée Gustave au lieu de Charity, il ne se serait jamais permis...
Non, non, Herr Schmal, vous faites erreur, et moi-même je m'illusionnais.
Ce travail manque de rigueur, M. Barney a raison.
C'est fini, m'sieur-dames!
Je sentais que ma voix allait se briser.
Prompte à prendre mes distances avec mes compagnons...
...Je précipitai ainsi sans le savoir le cruel destin.
Mais c'est cette chère petite Charity Tiddler avec...

Oh Cherry!
?
?
Madame vient de me remercier.
De quoi donc ?
Elle vient de me renvoyer.
En deux mots, elle me mit au courant de ce qu'il s'était passé.
Le triste enchaînement des événements.
Herr Schmal et Mlle Legros se tenaient la main, délaissant Miss Tiddler seule dans la rue.
Comme je vous dis.
Madame m'a dit que j'étais une petite coureuse comme toutes les Françaises, et que je devais quitter la maison sur-le-champ.
N'en faites rien, Blanche, je vais aller parler à Papa.
Monsieur était là. Il n'a pas dit un mot pour ma défense.
Ne me laissez pas, Blanche...
Cherry...

Les dés étaient jetés. Il fallait éviter le scandale.
Maman avait promis qu'elle garderait le secret sur toute cette affaire.
Coin!
POM
POM POM
POM
Elle prétendrait qu'elles s'étaient séparées d'un commun accord.
Tenez, Miss Finch, ce sont mes économies, vous en aurez besoin.
Et gardez courage. Ils ne vous arrêteront pas si vous changez de nom.
Je vous remercie, Tabitha, mais ce ne sera pas nécessaire. J'ai moi-même un peu d'argent de côté.
Mais je n'oublierai pas votre geste...
?
Maman raconterait que la tâche de Mademoiselle auprès de moi était terminée. De la sorte, elle pourrait trouver un autre emploi.
Je vous écrirai par l'entremise de Mary. Vous pourrez me donner de vos nouvelles et de celles de Herr Schmal si vous en avez, je ne connais pas son adresse...

Et c'est ainsi que le jour de mes 15 ans...
J. MATHIAS
074
The London central meat
F. COOK
WORK
QUALITY &
À ouvrir quand j'aurai 15 ans
... s'envola l'une des dernières parts de mon enfance. Mon enfance évanouie...
à suivre...

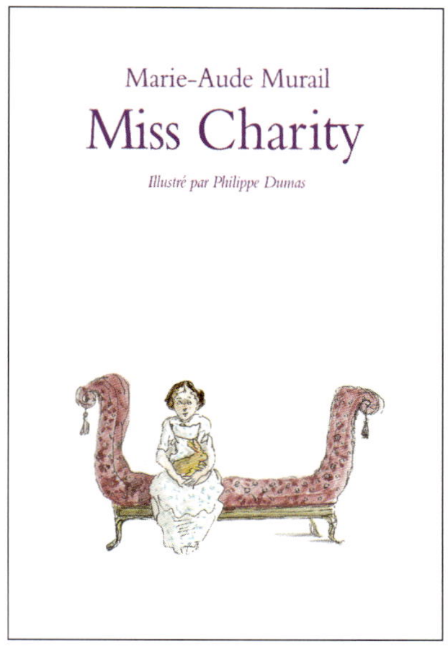

Cet album est adapté du roman de Marie-Aude Murail
Miss Charity publié à
l'école des loisirs

MARIE-AUDE MURAIL

À L'ÉCOLE DES LOISIRS

Le Chien des mers

Les Mésaventures d'Émilien
(7 volumes)

Le Hollandais sans peine

Nils Hazard chasseur d'énigmes
(6 volumes)

Amour, vampire et loup-garou

Souï-Manga

Tom Lorient

Oh, boy !

Mytho

L'expérienceur

Simple

Maïté coiffure

Charles Dickens

Patte-blanche

La Fille du docteur Baudouin

Nonpareil

22 !

Papa et Maman sont dans un bateau

Malo de Lange
(3 volumes)

La Bande à Tristan

Le tueur à la cravate

3000 façons de dire je t'aime

Zapland

Sauveur & fils
(5 volumes)

Ma vie a changé

LOÏC CLÉMENT ET ANNE MONTEL

DARGAUD

Le Temps des Mitaines *(3 volumes)*

Les Jours Sucrés

SOLEIL, COLL. MÉTAMORPHOSE

Chroniques de l'Île Perdue

DELCOURT

Les Contes des Cœurs perdus - Chaussette

LITTLE URBAN

Professeur Goupil *(3 volumes)*

À la recherche du Père Noël – Puzzle géant

BELIN

Mille Milliards de trucs (et de moutons)

LOÏC CLÉMENT

AUX ÉDITIONS DELCOURT

Les Contes des Cœurs perdus - Jeannot
dessin de Carole Maurel

Les Contes des Cœurs perdus - Chaque jour Dracula
dessin de Clément Lefèvre

Les Contes des Cœurs perdus - Le Voleur de souhaits
dessin de Bertrand Gatignol

ANNE MONTEL

LITTLE URBAN

L'Abécédaire des Métiers imaginaires

DIDIER JEUNESSE

Le Crafougna
texte de Stéphane Servant

LES P'TITS BÉRETS

Huit saisons et des poussières
texte de Séverine Vidal